Inhalt

Private Labels - Nur bedingt eine Bedrohung für Markenartikel?

Kernthesen

Beitrag

Fallbeispiele

Weiterführende Literatur

Impressum

Private Labels - Nur bedingt eine Bedrohung für Markenartikel?

E.Krug

Kernthesen

- Private Labels trotzen der Wirtschaftskrise und Konsumflaute. Sie sind mittlerweile für den Konsumenten nicht nur deshalb interessant, weil sie häufig preisgünstiger sind als Markenartikel, sondern auch deshalb, weil sie zudem auch Qualität bieten. (1), (2)
- Um den steigenden Marktanteil der Handelsmarken entgegenzutreten, müssen die Hersteller von Markenartikeln konsequent strategisch vorgehen, was zum Teil Marktbereinigung und Stärkung von A-

und B-Marken bedeutet. (3), (4), (5), (6)
- Es ist zu erwarten, dass die Konsumenten, die neuerdings Eigenmarken den Markenartikeln vorziehen, bei einem wirtschaftlichen Aufschwung wieder in gewohnter Form auf Markenartikel zurückgreifen. (1)

Beitrag

Der Markenverband feiert in diesem Jahr sein 100-jähriges Bestehen, jedoch ist den Herstellern von Markenartikeln nicht zum Feiern zumute. In der Wirtschaft kriselt es, die Discounter dagegen boomen und mit ihnen die Private Labels. Wie groß ist die Bedrohung wirklich, die von den Handelsmarken für die Markenartikel ausgeht?

Private Labels im Aufwind

Tatsache ist, dass nach einem relativ kontinuierlichen und gemächlichen Aufwärtstrend bei den Handelsmarken in den letzten 20 Jahren der Aufschwung im Jahr 2002 vergleichsweise explosionsartig war. Richtig ist, dass der neue Erfolg der Private Labels sehr eng mit der positiven

Entwicklung der Discounter verbunden ist. Fraglich dagegen ist, ob der momentane Erfolg der Handelsmarken ausschließlich durch den Boom der Discounter bedingt ist.

Die Ursachen für den Aufwind liegen an und für sich in einer schwindenden Markentreue. Immer öfter entscheiden sich auch Konsumenten, die grundsätzlich Markenartikel vorziehen, zum Kauf von Eigenmarken. Zieht der Verbraucher plötzlich die Handelsmarke vor, so liegt die Vermutung nahe, dass in der heutigen Zeit der Verunsicherung, das Hauptkriterium hier der niedrigere Preis ist. Das heißt allerdings nicht, dass der Konsument preisbewusst die Handelsmarke im Regal neben einem Markenartikel auswählt, sondern vielmehr, dass dieser Konsument die Einkaufsstätte gewechselt hat, um generell beim Discounter preiswerter einzukaufen, als beim Einzelhandel. (1), (2), (7)

Allerdings ist der Preis allein nicht mehr der einzige Anreiz für den Käufer von Handelsmarken. Mittlerweile motiviert auch eine sehr gute Qualität der Private Labels, die durchaus mit derjenigen der Markenartikel mithalten kann oder zum Teil diese gar übertrifft, zum Kauf von Handelsmarken. Zudem ist die Aufmachung bzw. die Präsentation der Produkte wesentlich attraktiver, professioneller und markenhafter geworden. (2)

Auch bei den Warentests können die Private Labels absolut mithalten. Die Testergebnisse sind häufig nicht nur gut, sondern sogar besser, als die der Markenartikel. Bessere Qualität gekoppelt mit niedrigerem Preis; das lässt auch Skeptiker bereits zu Handelsmarken greifen. (2) Was allerdings verunsichert viele Konsumenten dennoch bei der Wahl zwischen Private Labels und Markenartikeln?

Das gefühlte Risiko beim Kauf von Private Labels

Oft erscheint es dem Konsumenten immer noch als Risiko, wenn er sich dazu entschließt, Handelsmarken zu kaufen. Das liegt vor allem an der Art der Produkte und deren Verwendung. Ist möglicherweise zu befürchten, dass mit einem weniger guten Produkt Schaden entstehen könnte, wie z. B. durch Spül-Tabs, welche die neuen Gläser ruinieren, dann neigt der Verbraucher dazu, doch lieber den bewährten Markenartikel zu kaufen. Ihm erscheint das Risiko dann zu groß, eine adäquate Handelsmarke auszuprobieren. Je bedeutender das Produkt für den Verwender ist, desto größer erscheint ihm das Risiko. Hier spielt zudem das Image der Warengruppe oder auch die Dauer der Anwendung eine Rolle, ebenso, wie körpernah es angewendet wird oder auch, wie schwer die Qualität zu beurteilen ist.

Interessanterweise ist aber gerade in letzter Zeit vor allem im körpernahen Bereich eine hohe Wachstumsrate bei den Handelsmarken zu registrieren. (1), (2) Im Großen und Ganzen kann man sagen, je leichter die Qualität zu überprüfen ist, desto eher ist der Konsument dazu bereit, die günstigere Handelsmarke zu kaufen.

Sehr häufig vermittelte der niedrigere Preis der Private Labels das Gefühl, dass diese Produkte gar nicht so gut sein können, wie die vergleichbaren Markenartikel. Allerdings lassen die mittlerweile durch Tests ermittelten Gegenbeispiele den Preis als Qualitätsfaktor eine immer geringere Rolle spielen. Für die Markenartikel steigt zunehmend die Gefahr, dass ihnen die Handelswaren den Rang ablaufen. Hier besteht Handlungsbedarf. (1), (2), (3), (4), (5), (8)

Markenartikler gehen in die Offensive

Um dem starken Wachstum auf dem Markt der Private Labels zu begegnen, müssen sich Markenartikelhersteller neuer Strategien bedienen.

Ein wichtiger Schachzug ist hier die Marktbereinigung. Statt ihre so genannten C- und D-Marken billig auf den Markt zu werfen und somit die markeneigenen Qualitätsmerkmale für den Verbraucher in Frage zu stellen, kann es vorteilhafter sein, dass sich die Unternehmen auf den Vertrieb ihrer A- und B-Marken konzentrieren. Die Handelsmarken sind eine wesentlich größere Konkurrenz für die C- und D-Marken, als für die A- und B-Marken. Deshalb sind leichte Produktvariationen der starken Marken und die Konzentration auf die Vermarktung dieser Marken durchaus eine Antwort auf den Boom im Private Label Sektor.

Oft wird die Marktbereinigung nicht im nötigen Maße durchgehalten und die Produktlinie mehrfach variiert, um im Endeffekt als Innovation verkauft zu werden. Eine übersteigerte Sortimentsausweitung der starken Marken sollte allerdings vermieden werden, da daraus wieder relativ schnell eine neue C- und D-Marken Situation entsteht. (2), (3), (4), (5), (6), (8)

Markenartikelhersteller sollten einem starken Handelsmarkenbereich eine konsequente Pflege der Kundenbeziehung, eine solide Vertrauensbasis bedingt durch eine gesicherte Qualität und vor allem wirkliche Innovationen entgegenstellen, um die wirtschaftliche Durststrecke zu überwinden.

Fallbeispiele

Beispiele für Handelsmarken, die im Test qualitativ mindestens ebenso gut abschneiden, wie Markenartikel

Sonnenschutzmittel:
Im Test erhalten die Sonnenschutzmittel der Handelsmarken in der Regel die Bestnoten zwischen 1,0 und 1,4, kosten aber nur ein Viertel so viel, wie vergleichbare Markenartikel.
Fazit: Der Anteil der Handelsmarken einschließlich Aldi stieg in diesem Bereich vom Sommer 2000 bis zum Sommer 2002 um 168 Prozent. (1), (2)

Tandil (Waschmittel):
Seit ca. 30 Jahren wird das Aldi-Waschmittel Tandil von Stiftung Warentest mindestens so gut beurteilt,

wie Persil und Ariel. Tandil allerdings kostet die Hälfte. (2)

Babywindel:
Unter 17 getesteten Babywindeln werden 12 Handelsmarken mit sehr gut oder gut bewertet, kosten aber teilweise ein Drittel weniger als diverse Markenartikel. (2)

Beispiel für Risikobereiche bei der Entscheidung zwischen Private Labels und Markenartikel

Im Bereich Körperpflege und Kosmetik ist der Handelsmarkenanteil bei vielen Warengruppen eindeutig geringer. Wenn es z. B. die Haare betrifft, wollen in erster Linie Frauen das Risiko nicht eingehen. Bei medizinischen Aspekten, wie Zahngesundheit oder Hautproblemen steht der Sicherheitsfaktor ganz vorn. (1)

Beispiel für starke A- und B-Marken

Der Markt für alkoholfreie Getränke ist ein gutes Beispiel dafür, dass es sich positiv auf Markenartikel auswirkt, wenn Kommunikation und Innovation nahe beieinander liegen. So wird der Bereich der Limonaden und Süßgetränke von Coca-Cola, Pepsi-Cola, Fanta, Sprite und Red-Bull beherrscht. Hier besteht die Innovation aus Kommunikation und thematischen Promotionaktionen. Folge: Handelsmarken spielen hier nur eine geringe Rolle (2)

Weiterführende Literatur

(1) Eigenmarken haben Wachstumszenit noch nicht überschritten
aus Lebensmittel Zeitung 16 vom 17.04.2003 Seite 068

(2) "Warentest ist stärkster Promoter"
aus Lebensmittel Zeitung 16 vom 17.04.2003 Seite 076

(3) Philip Morris Pitch: Dreierrunde steht
aus Der Kontakter Nr. 16 vom 14.04.2003 Seite 005

(4) Sanfter Cowboy ohne Colt
aus HORIZONT 16 vom 17.04.2003 Seite 014

(5) Zarter Duft unter den Armen
aus HORIZONT 15 vom 10.04.2003 Seite 006

(6) Noch lässt sich beträchtliches Erfolgspotenzial ausschöpfen
aus Lebensmittel Zeitung 16 vom 17.04.2003 Seite 073

(7) Macht der Marke
aus werben & verkaufen Nr. 18 vom 02.05.2003 Seite 009

(8) "Handelsmarken sind keine Notbremse"
aus Lebensmittel Zeitung 16 vom 17.04.2003 Seite 070

Impressum

Private Labels - Nur bedingt eine Bedrohung für Markenartikel?

Bibliografische Information der deutschen Nationalbibliothek

Die Deutsche Nationalbibliothek verzeichnet diese Publikation in der deutschen Nationalbibliografie; detaillierte bibliografische Daten sind im Internet über http://dnb.d-nb.de abrufbar.

ISBN: 978-3-7379-0831-3

© 2015 GBI-Genios Deutsche Wirtschaftsdatenbank GmbH, Freischützstraße 96, 81927 München, www.genios.de

Alle Rechte vorbehalten. Dieses Werk ist einschließlich aller seiner Teile – z.B. Texte, Tabellen und Grafiken - urheberrechtlich geschützt. Jede Verwertung außerhalb der Grenzen des Urheberrechtsgesetzes bedarf der vorherigen Zustimmung des Verlags. Dies gilt insbesondere auch für auszugsweise Nachdrucke, fotomechanische Vervielfältigungen (Fotokopie/Mikroskopie), Übersetzungen, Auswertungen durch Datenbanken oder ähnliche Einrichtungen und die Einspeicherung und Verarbeitung in elektronischen Systemen.